# Mappe animali e fiorate

## ♥ LIBRO DA COLORARE PER BAMBINI E ADULTI ♥

*ideato ed illustrato interamente da*

### FEDERICA BOCCHI

@ *effebi* ILLUSTRATION

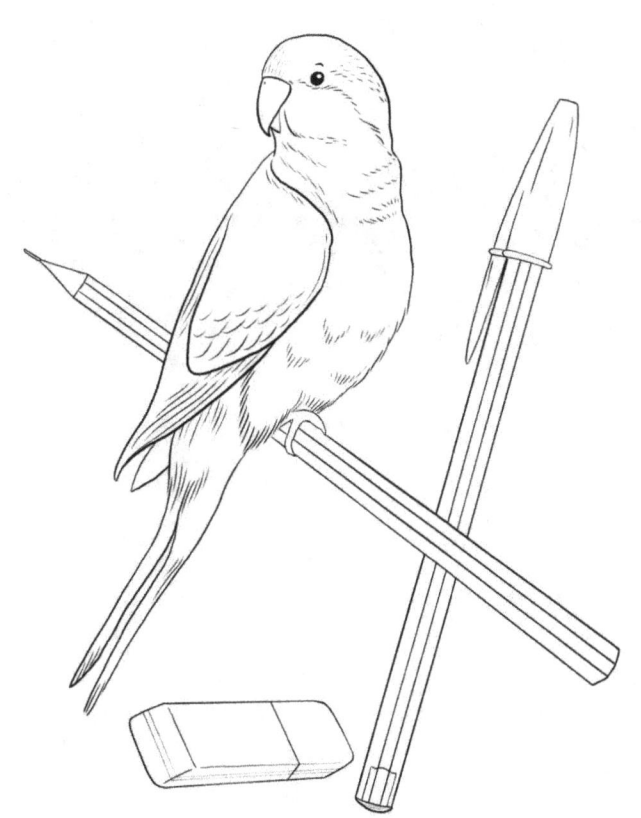

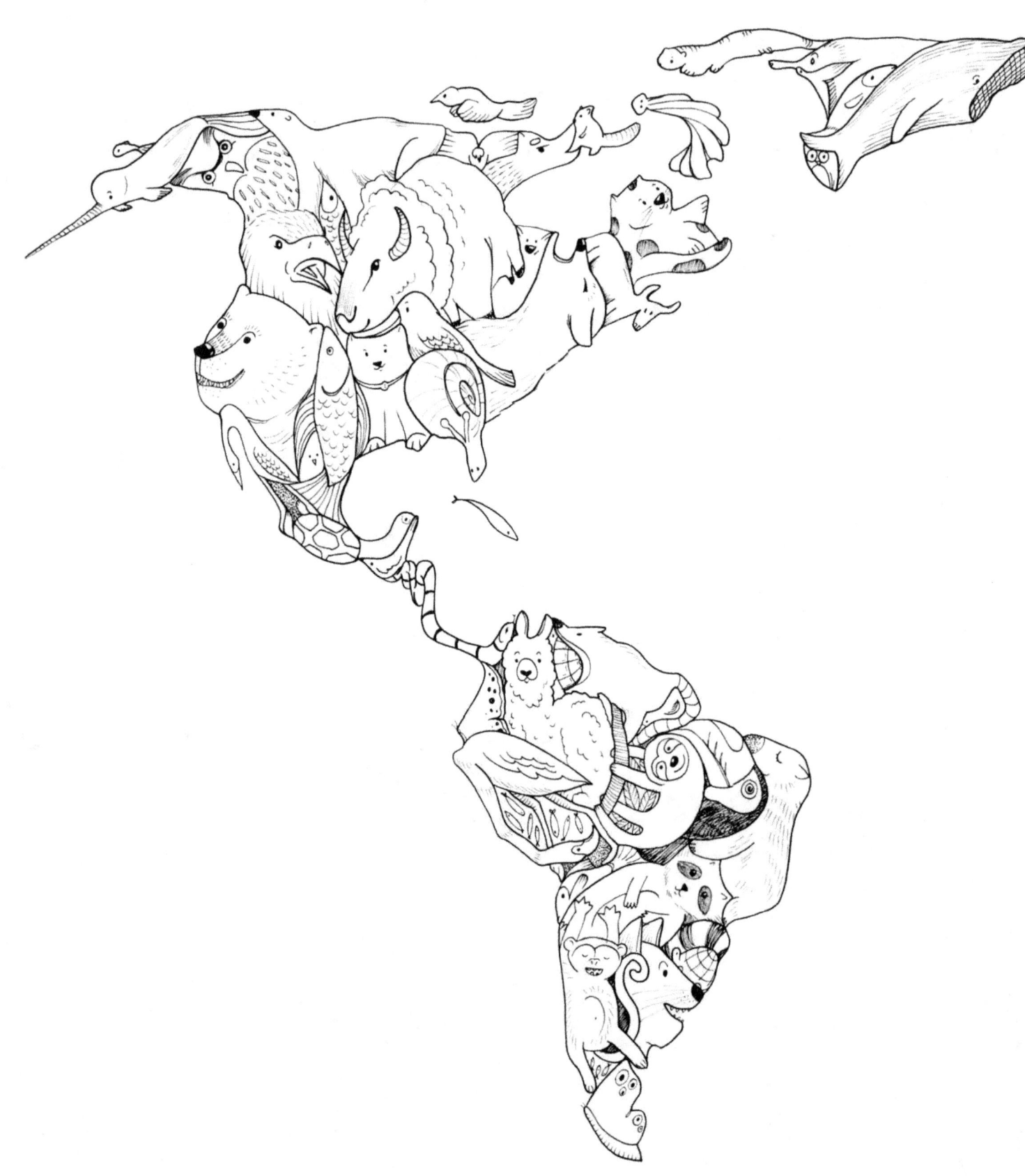

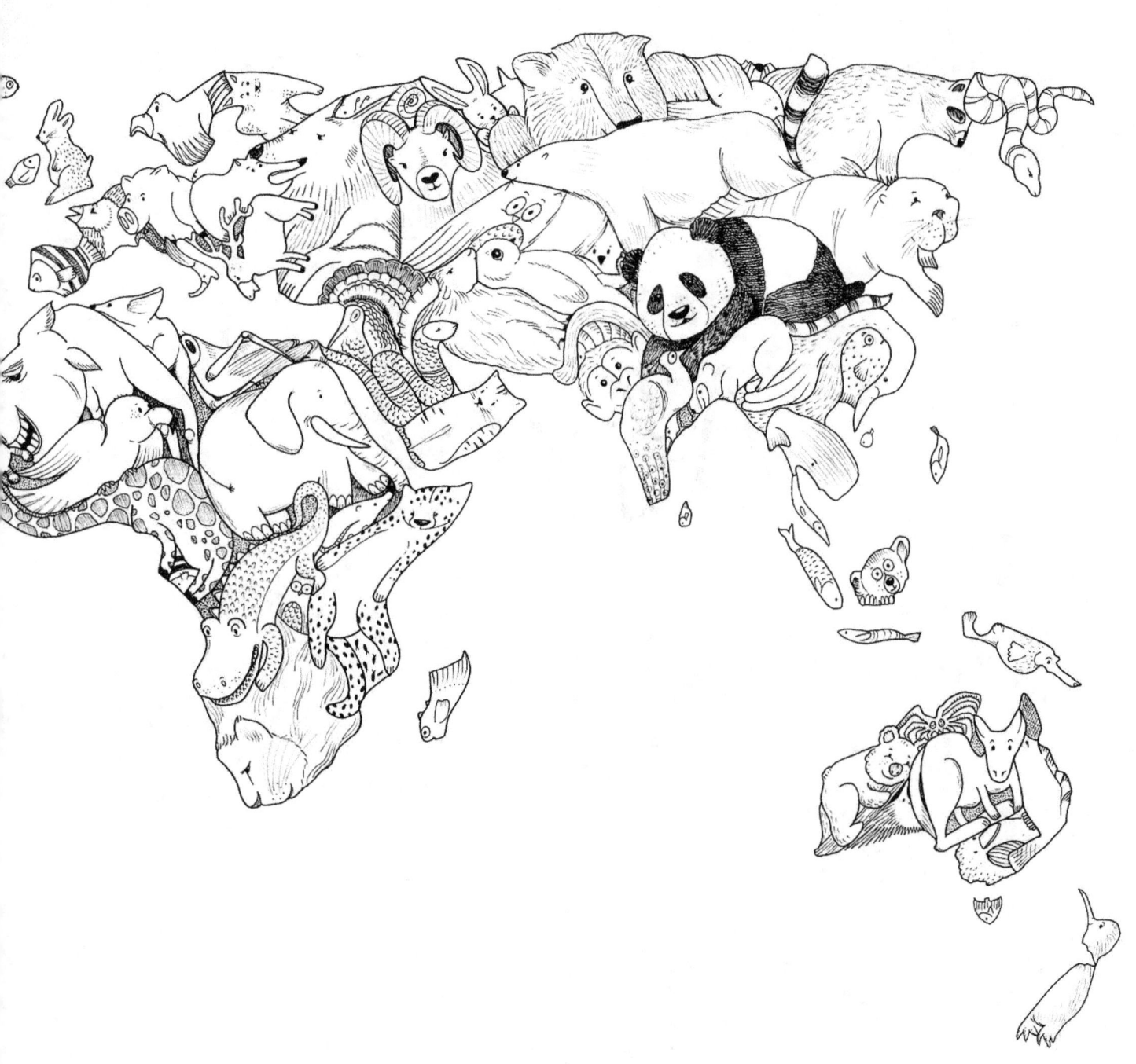

Africa

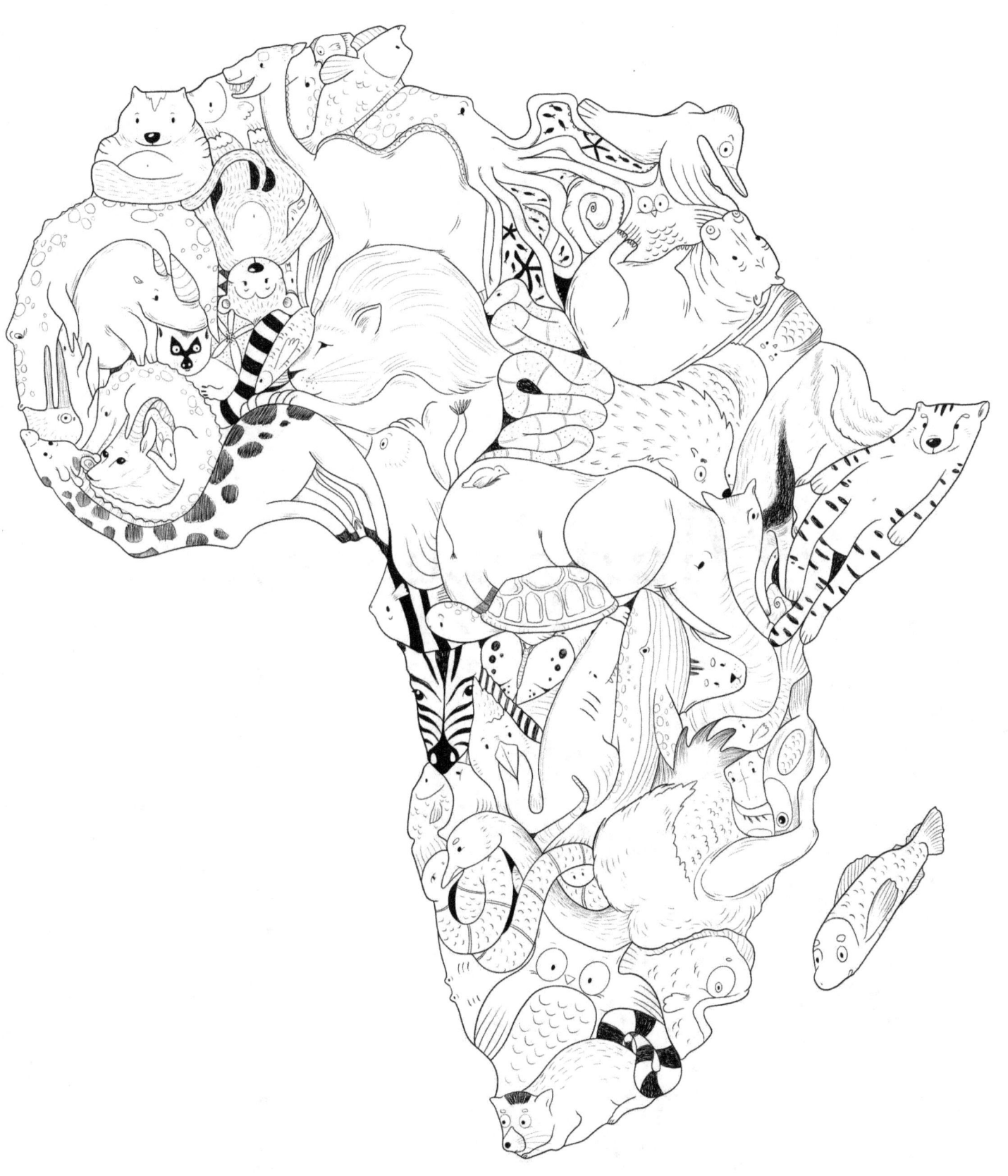

Madagascar

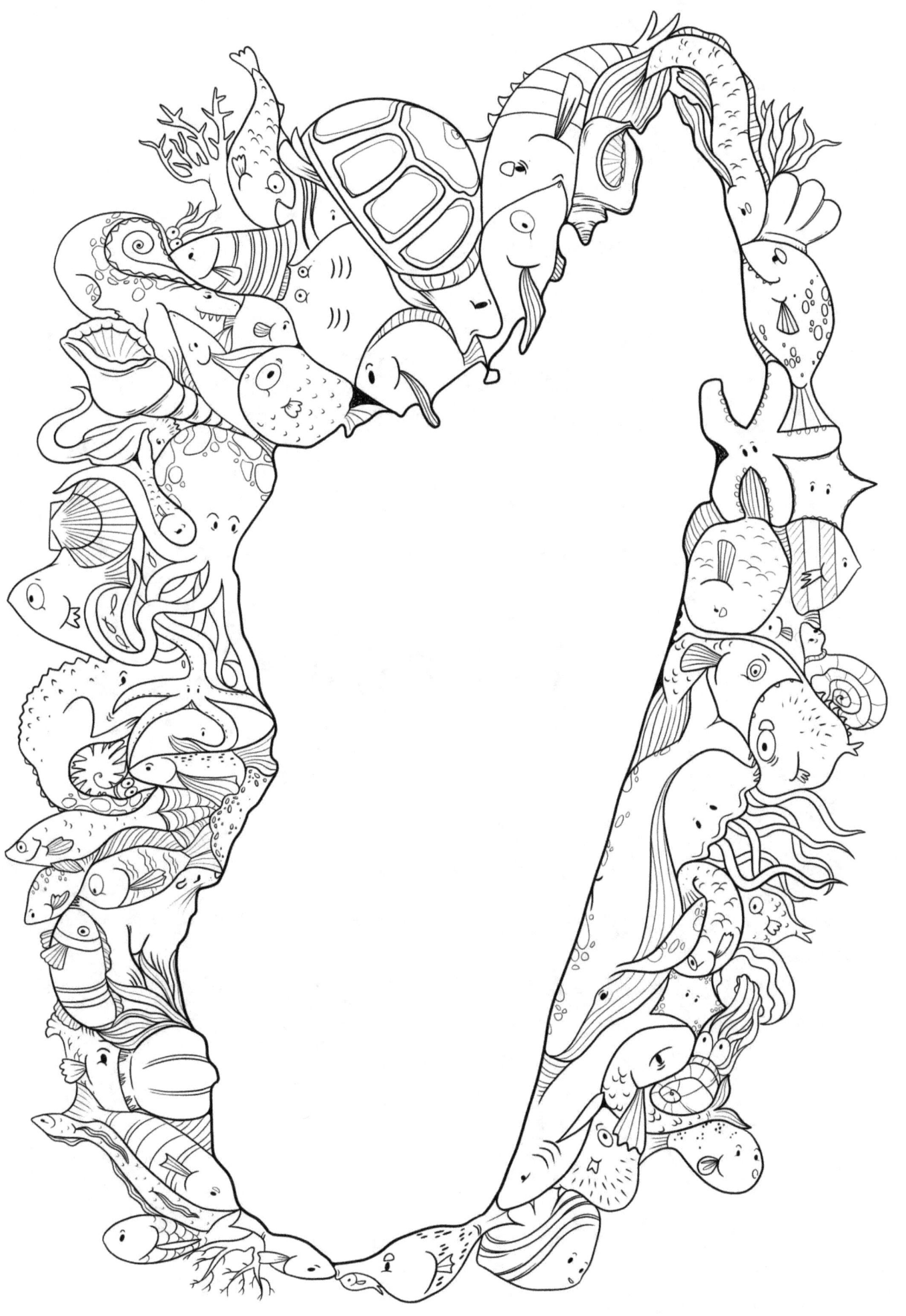

Kenya

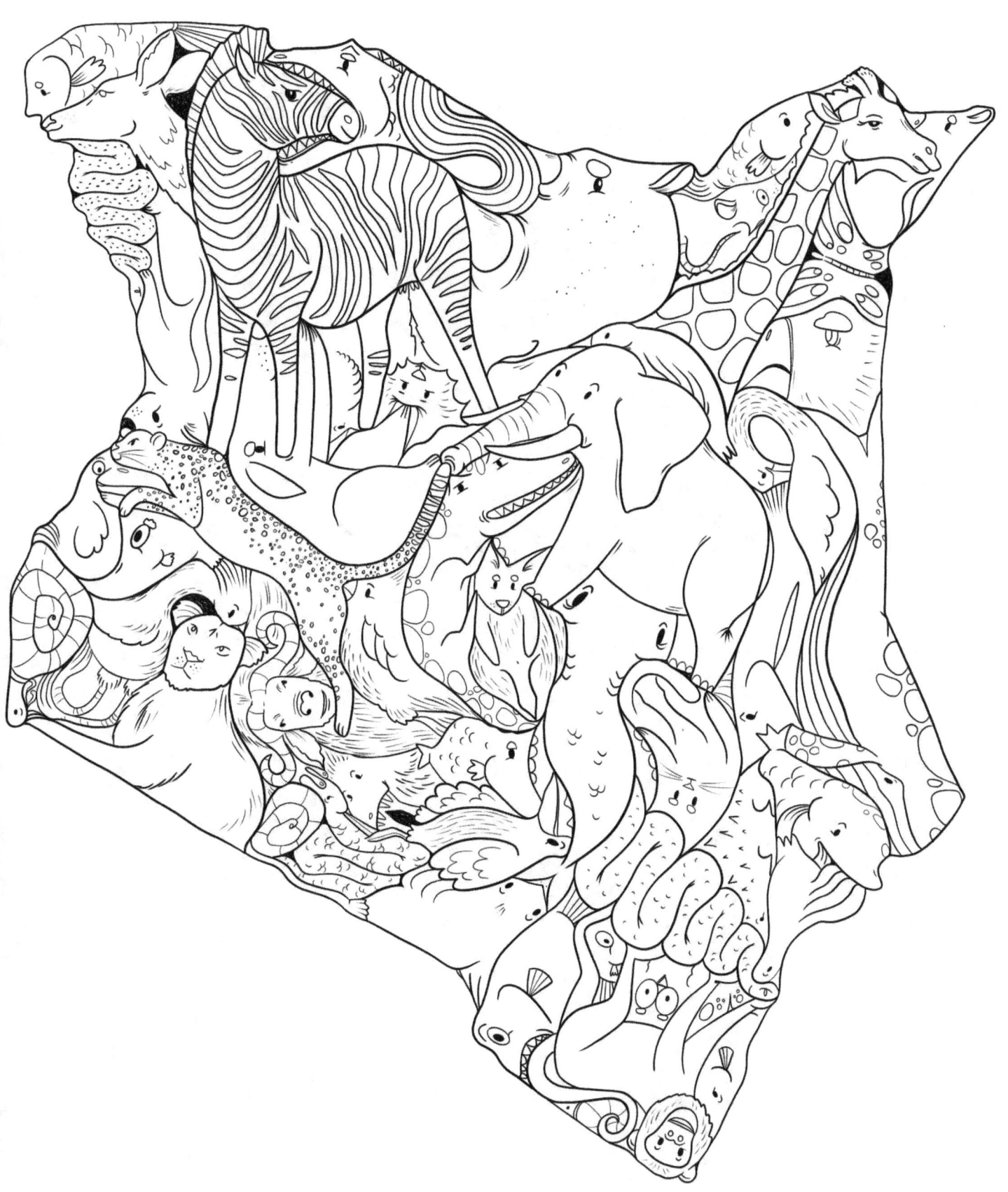

Marocco

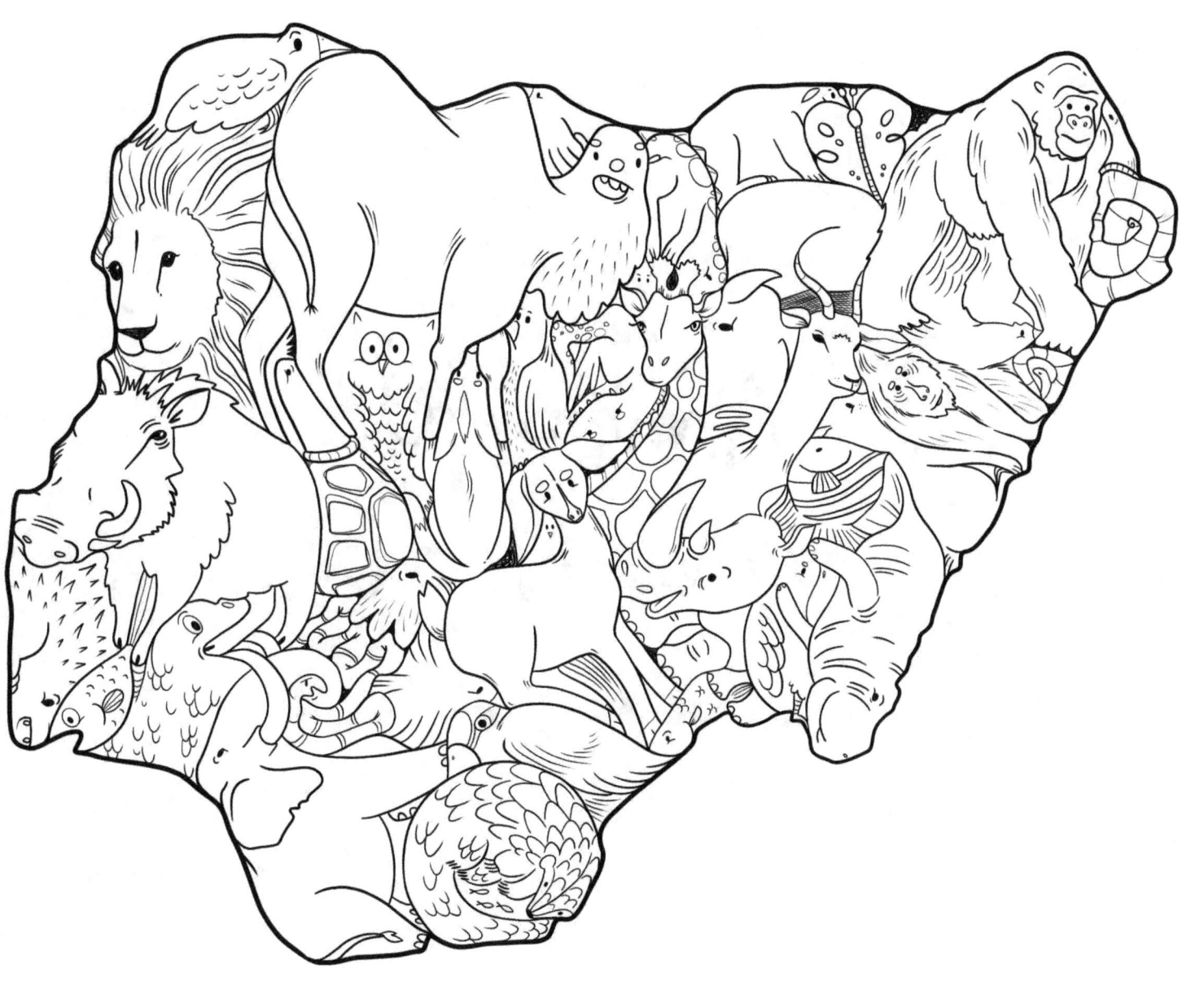

America del Nord

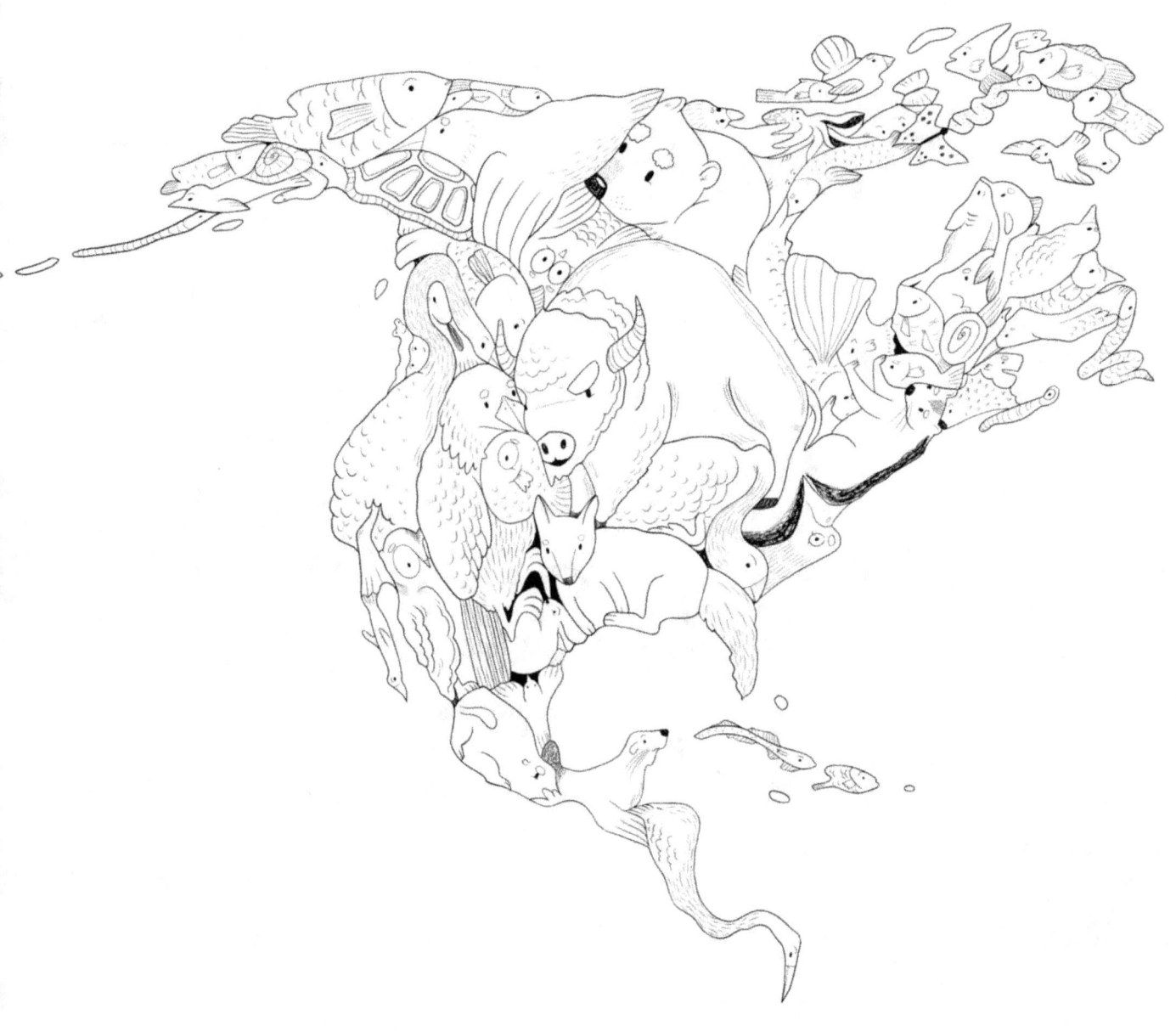

# America del Sud

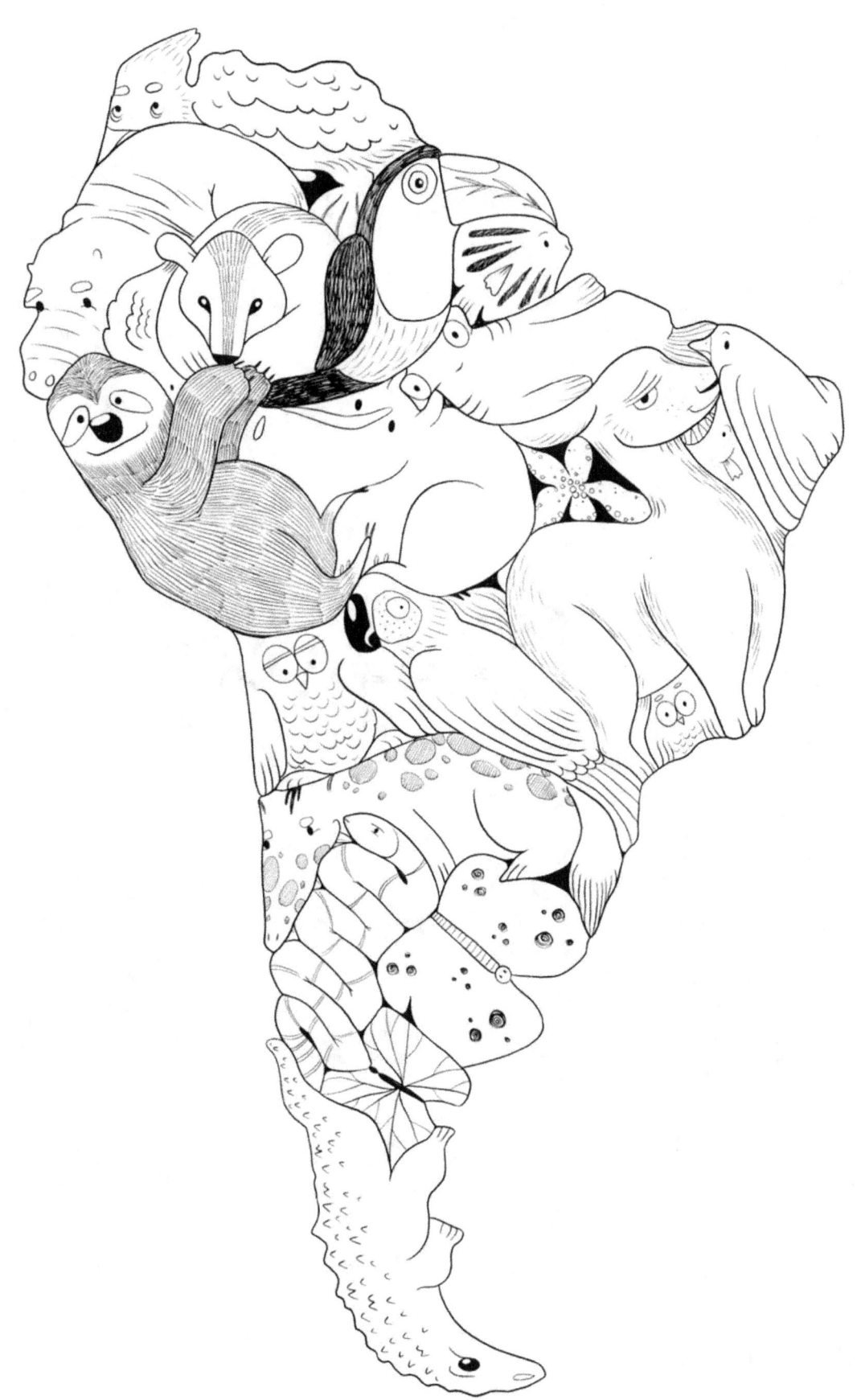

Brasile

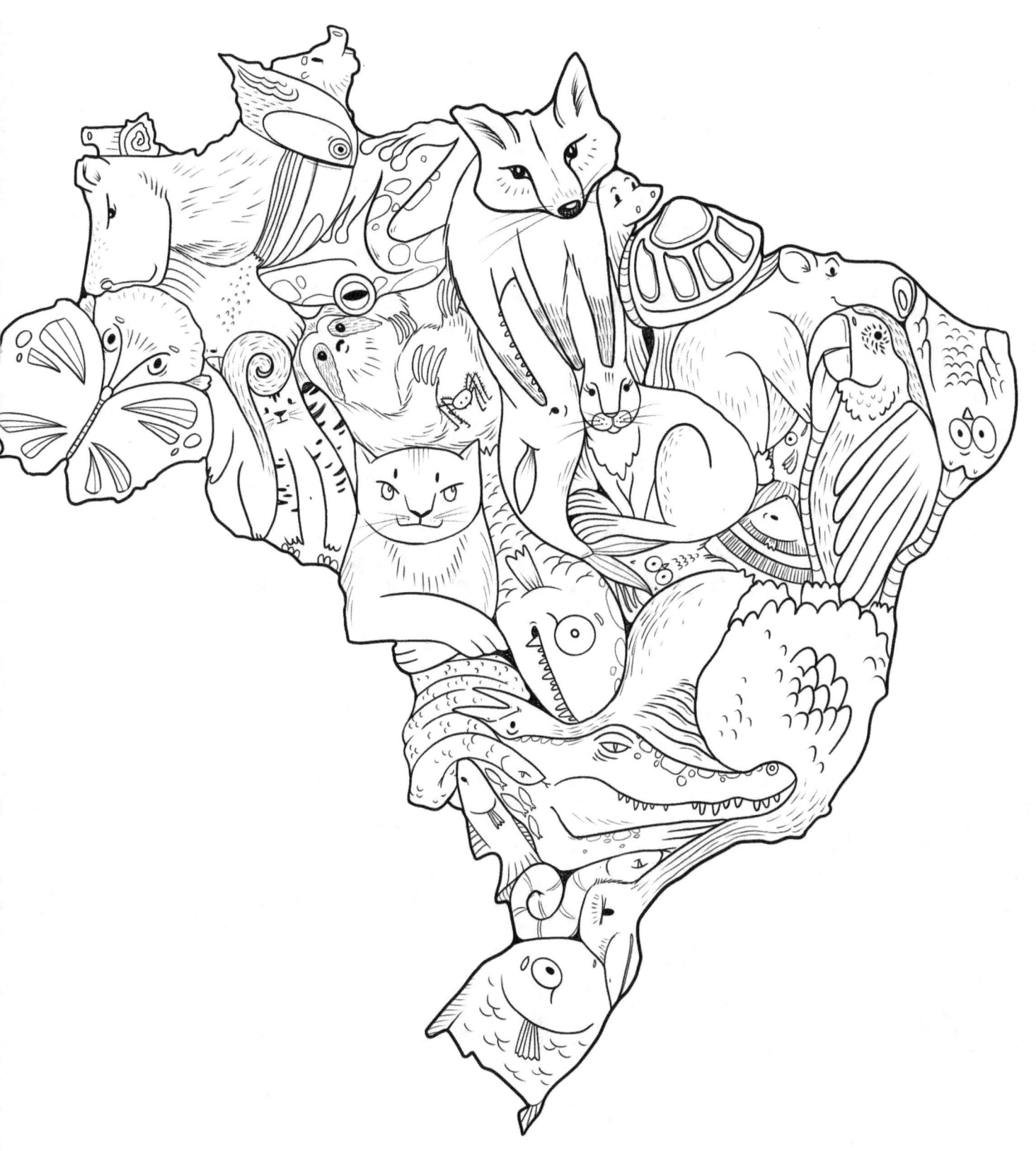

Colombia

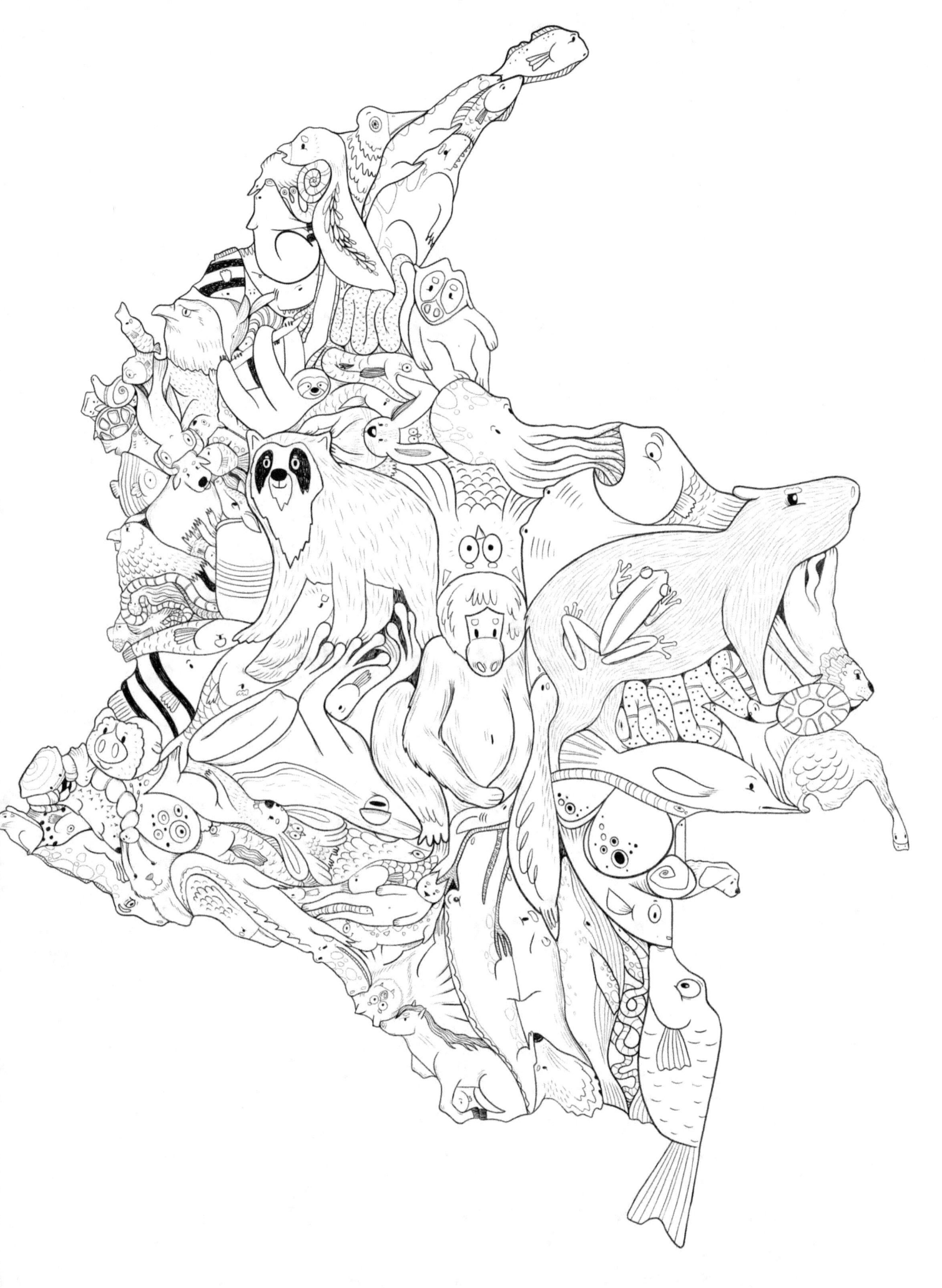

Costa Rica

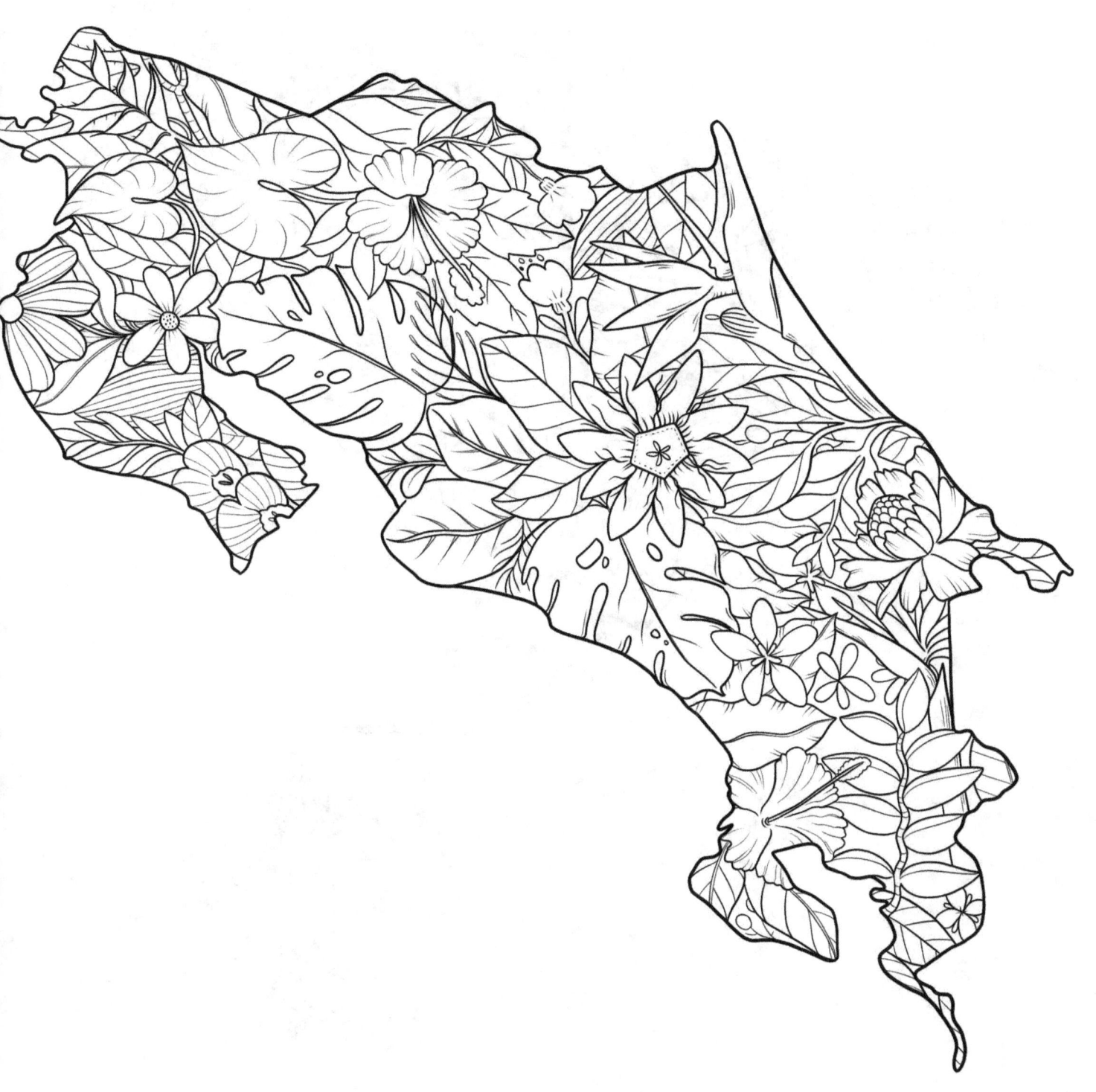

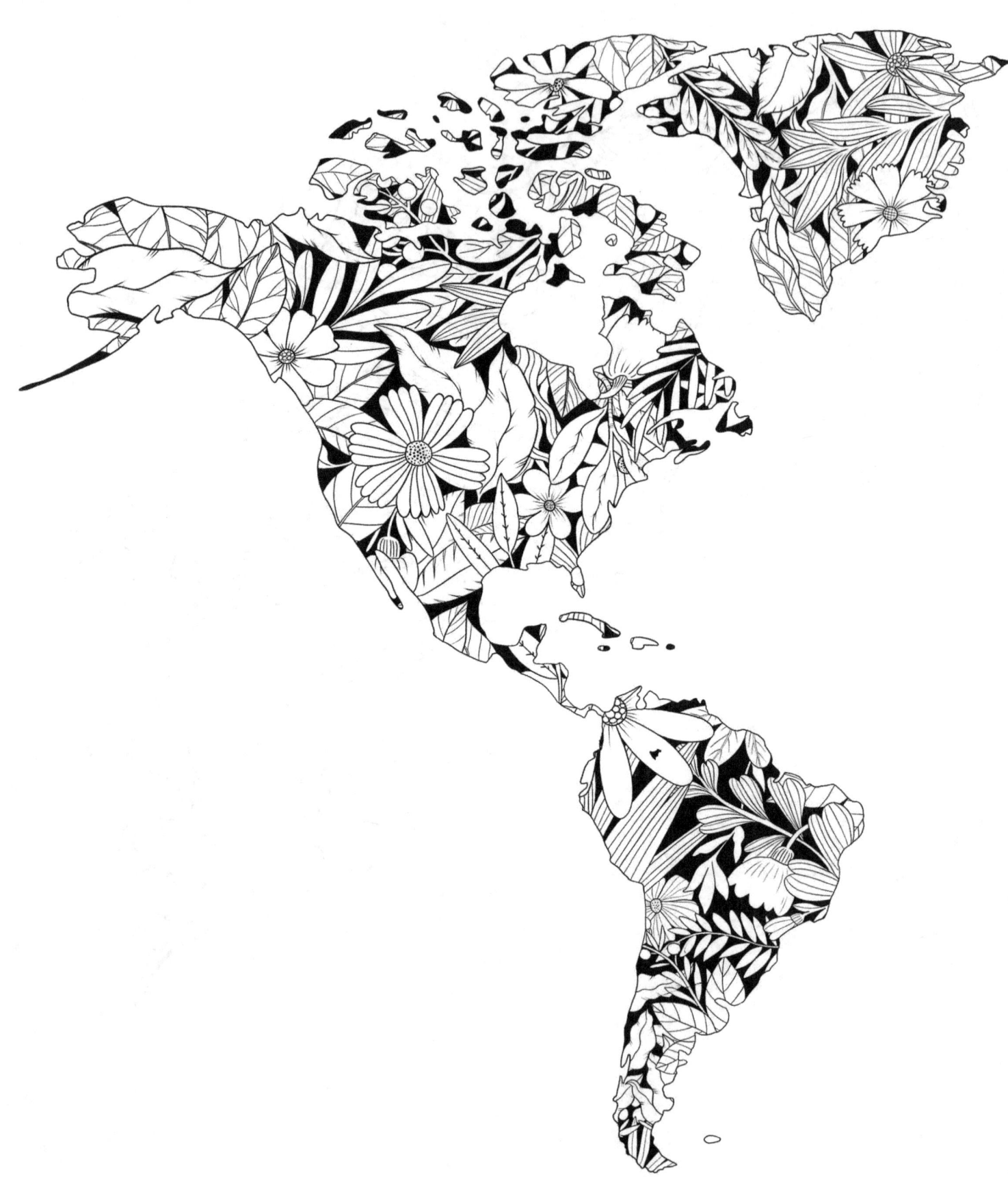

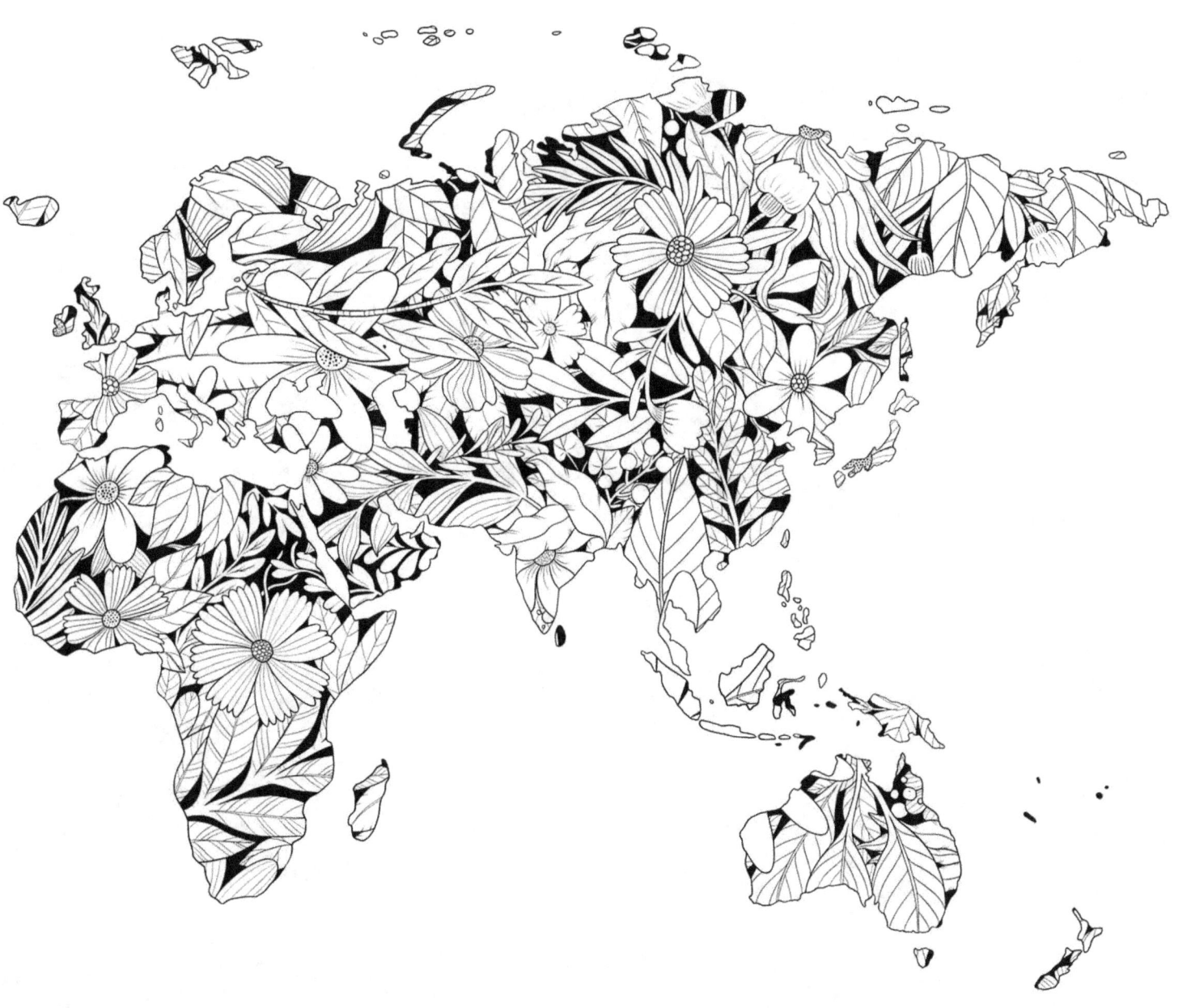

Europa

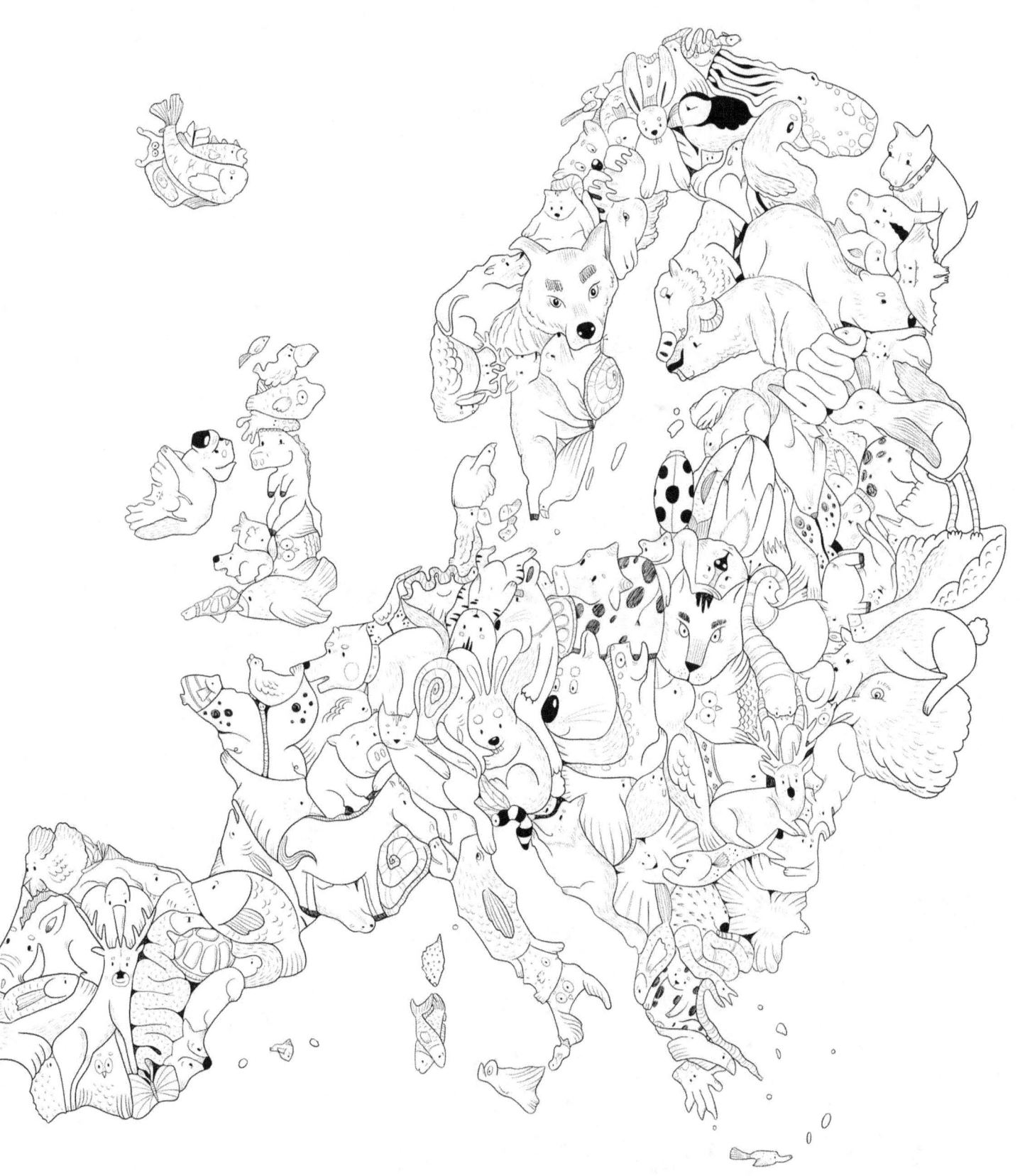

Italia

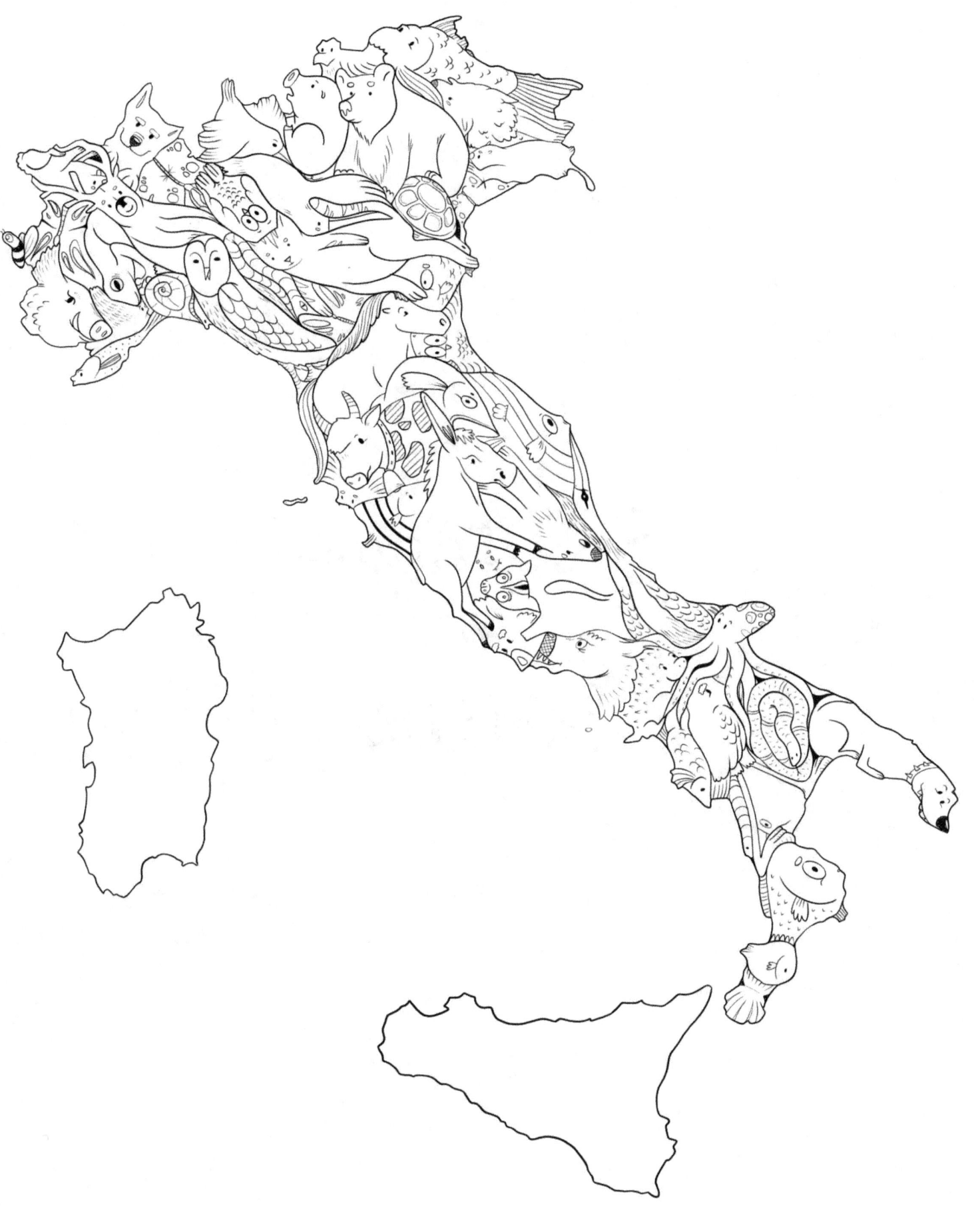

# Sardegna e Sicilia

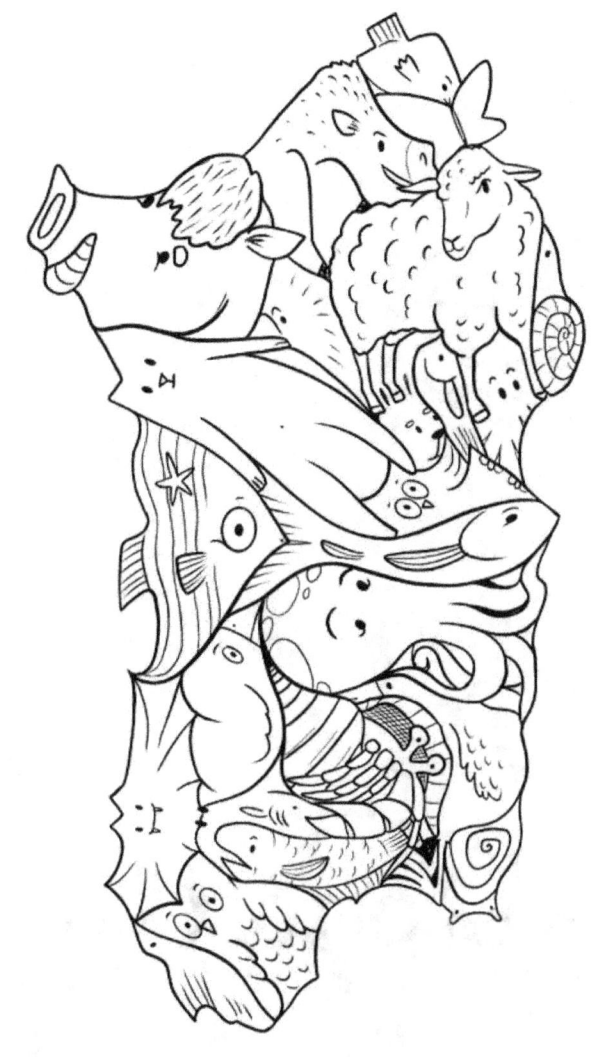
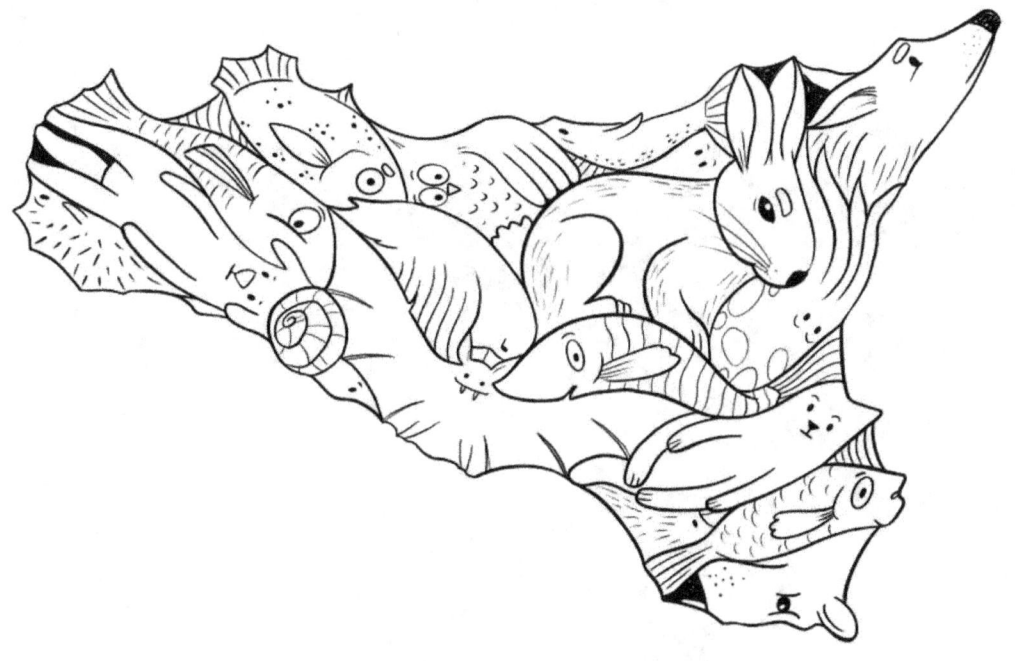

Portogallo

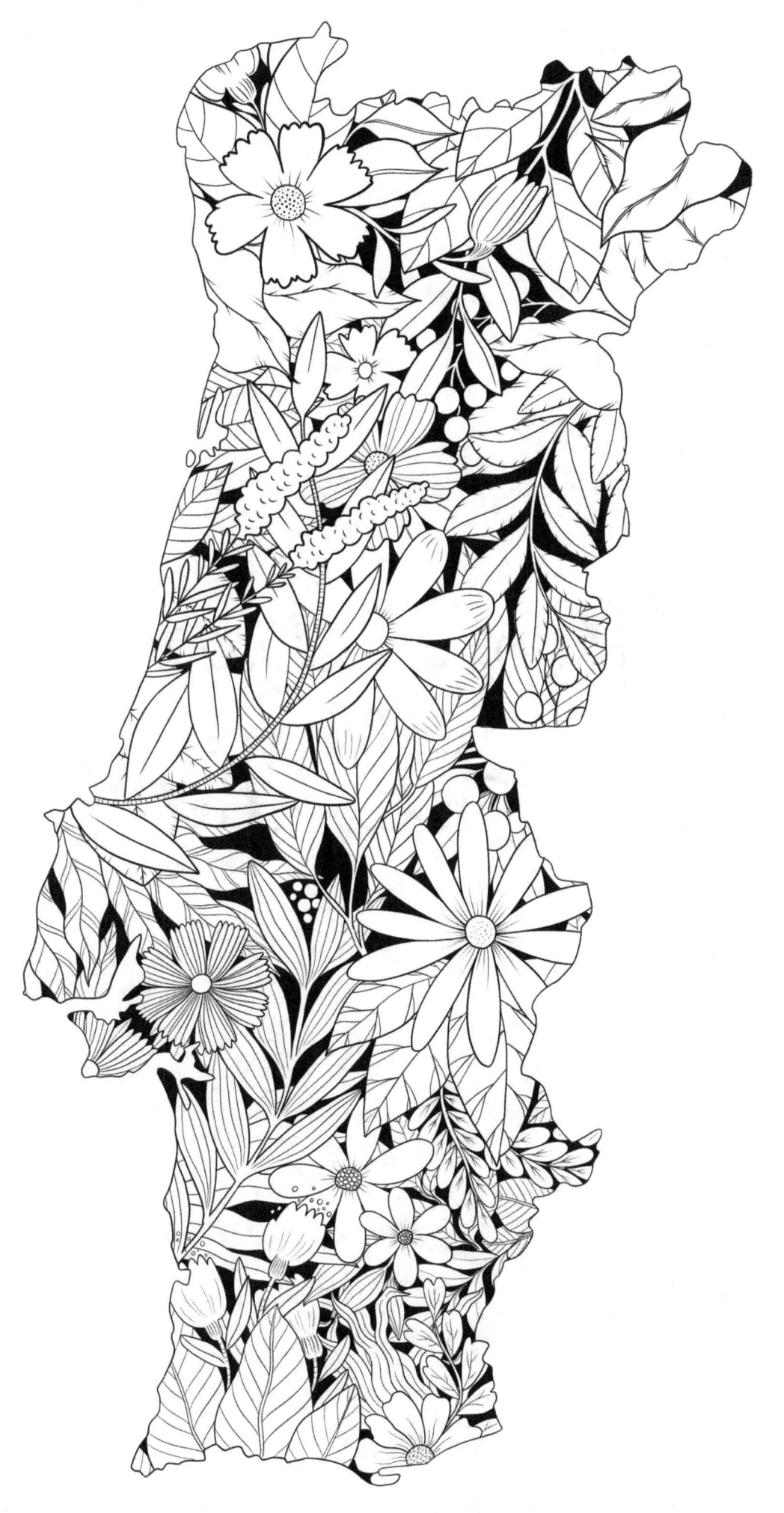

Regno Unito
e
Irlanda

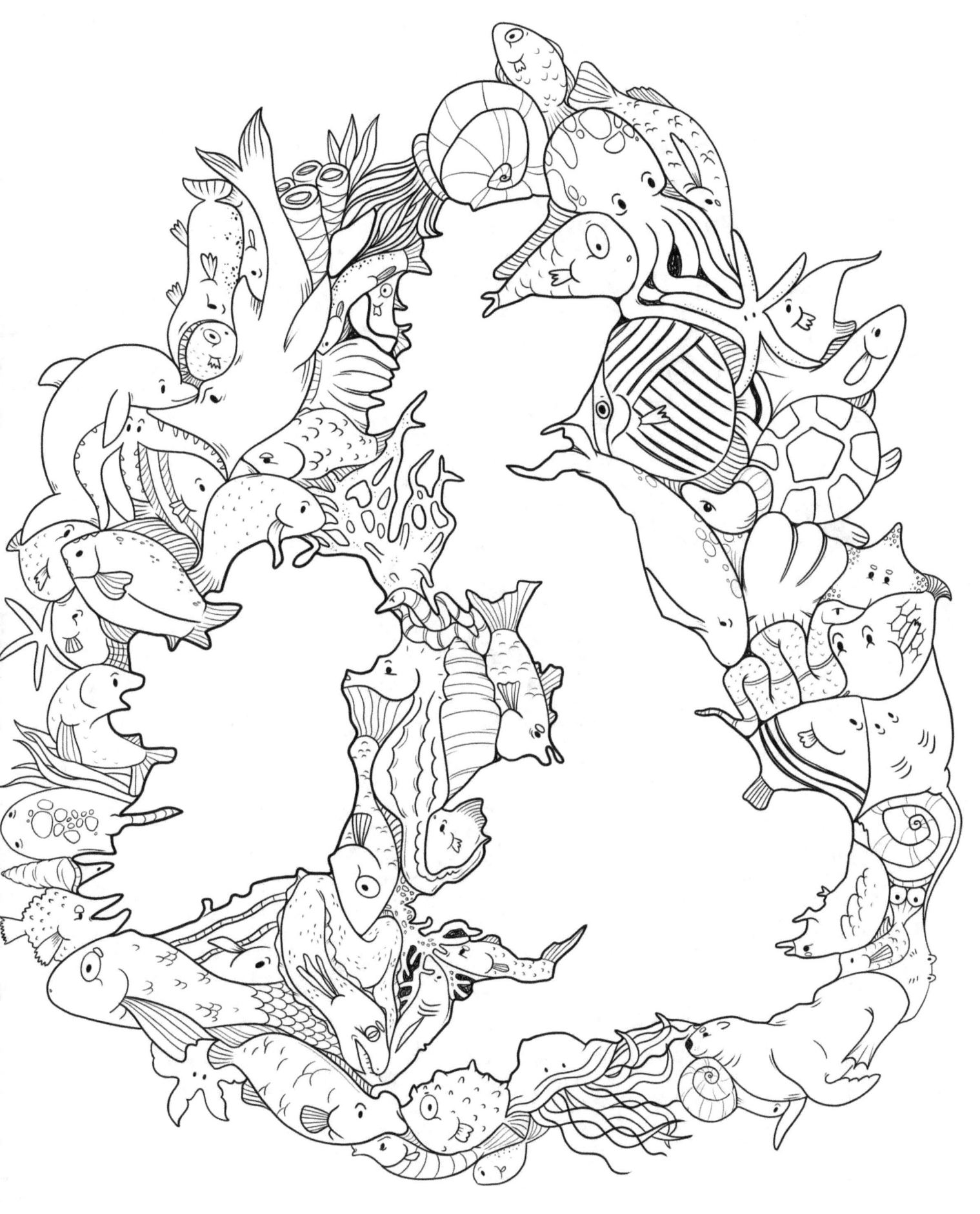

Asia

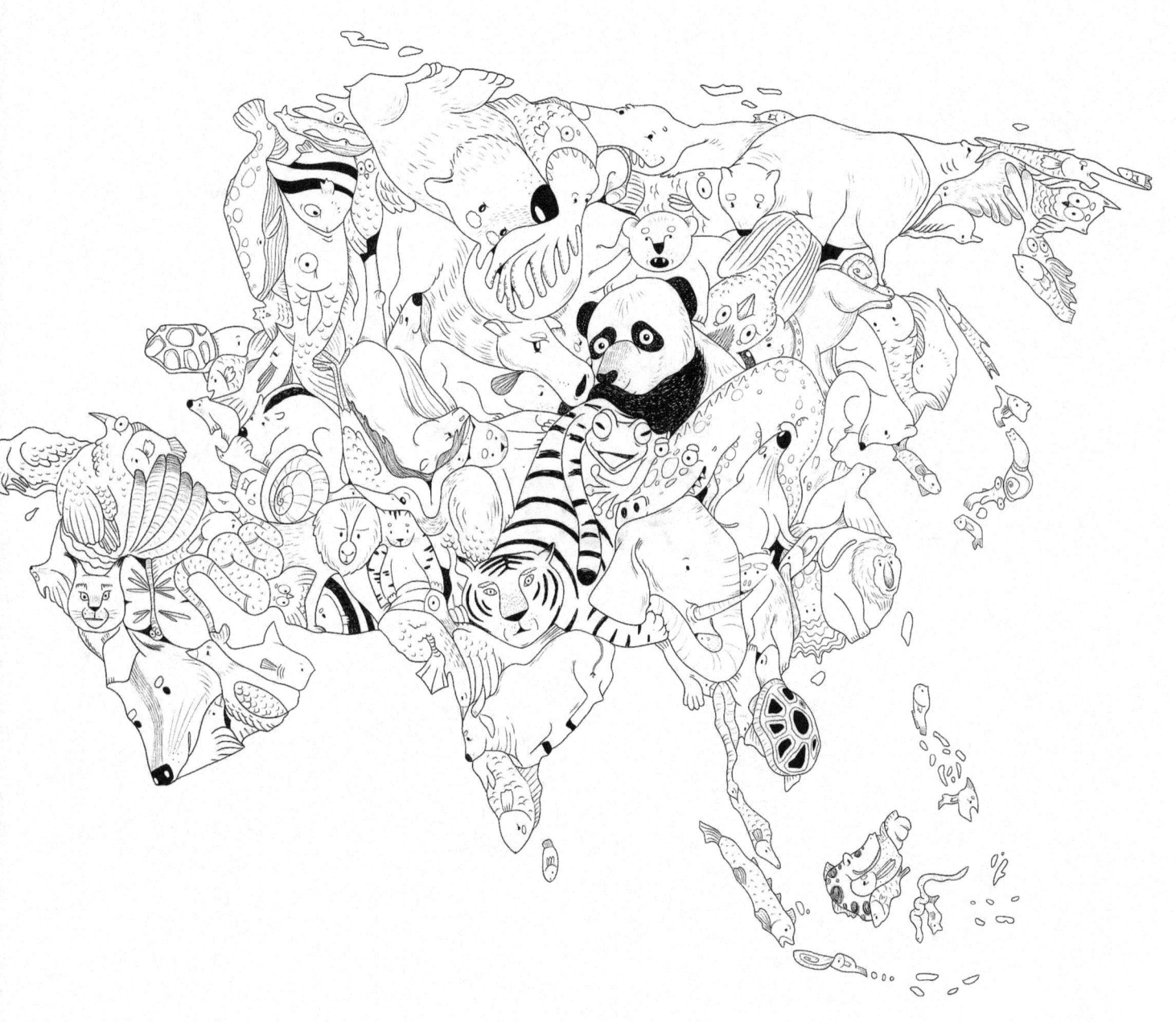

India

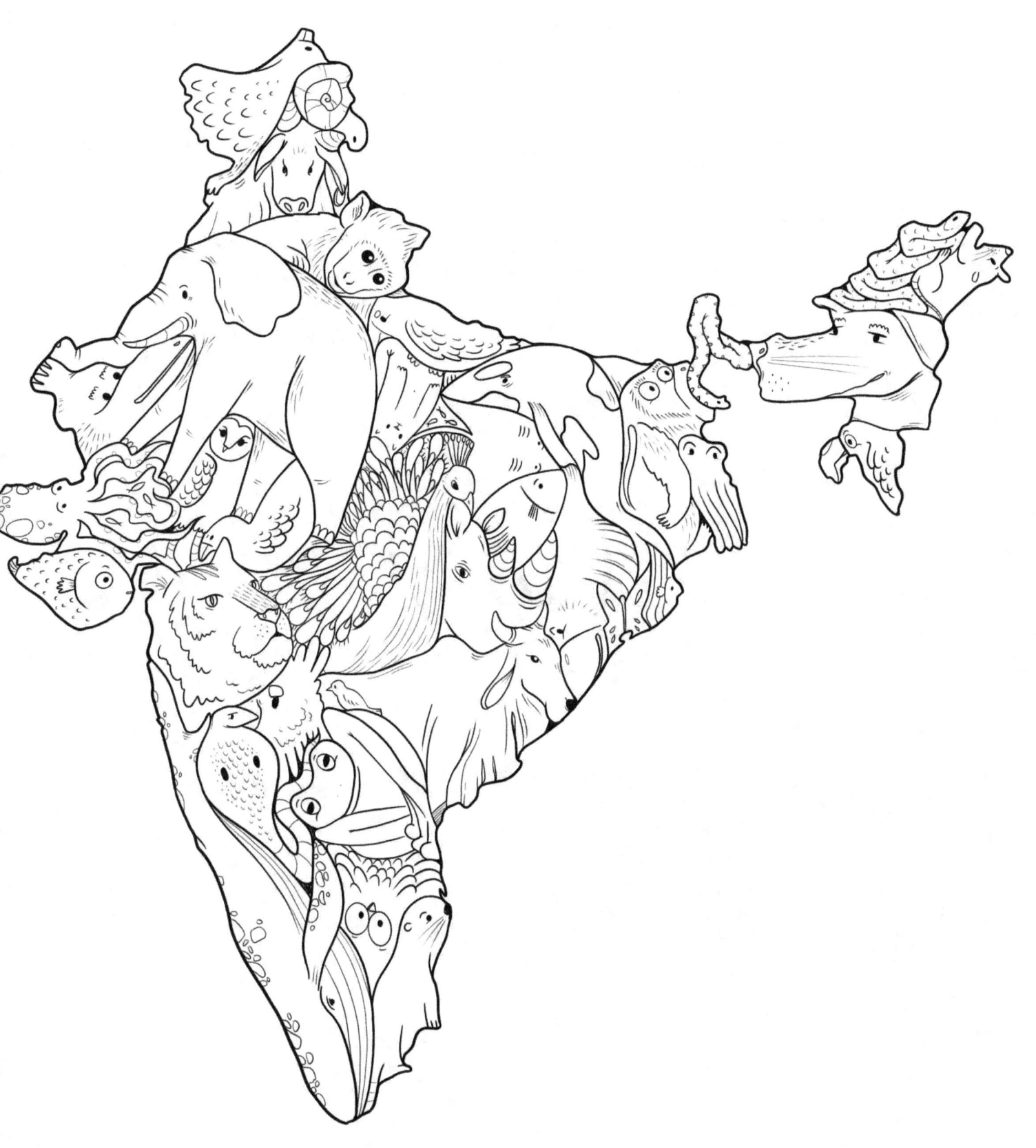

Laos

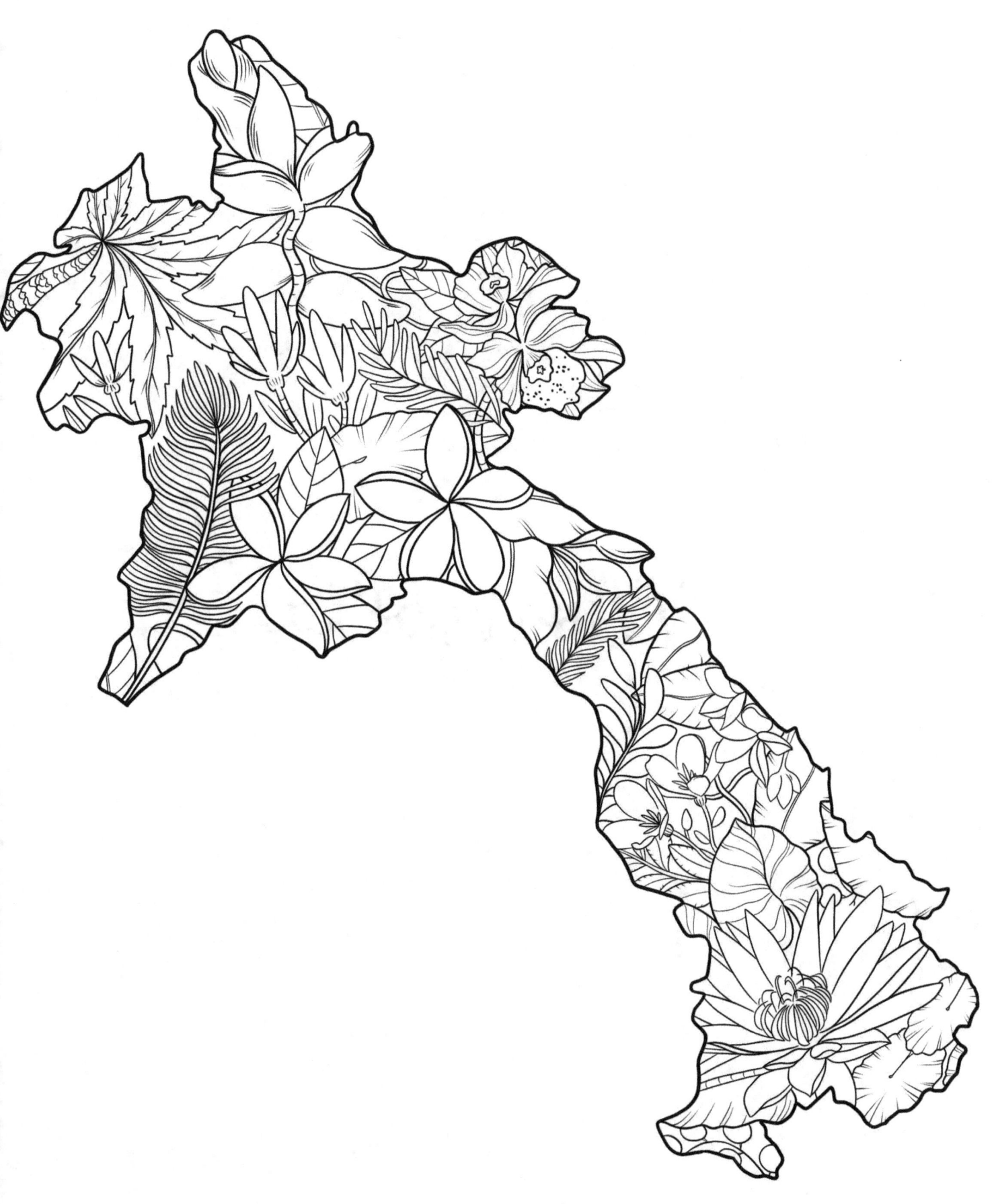

Mongolia

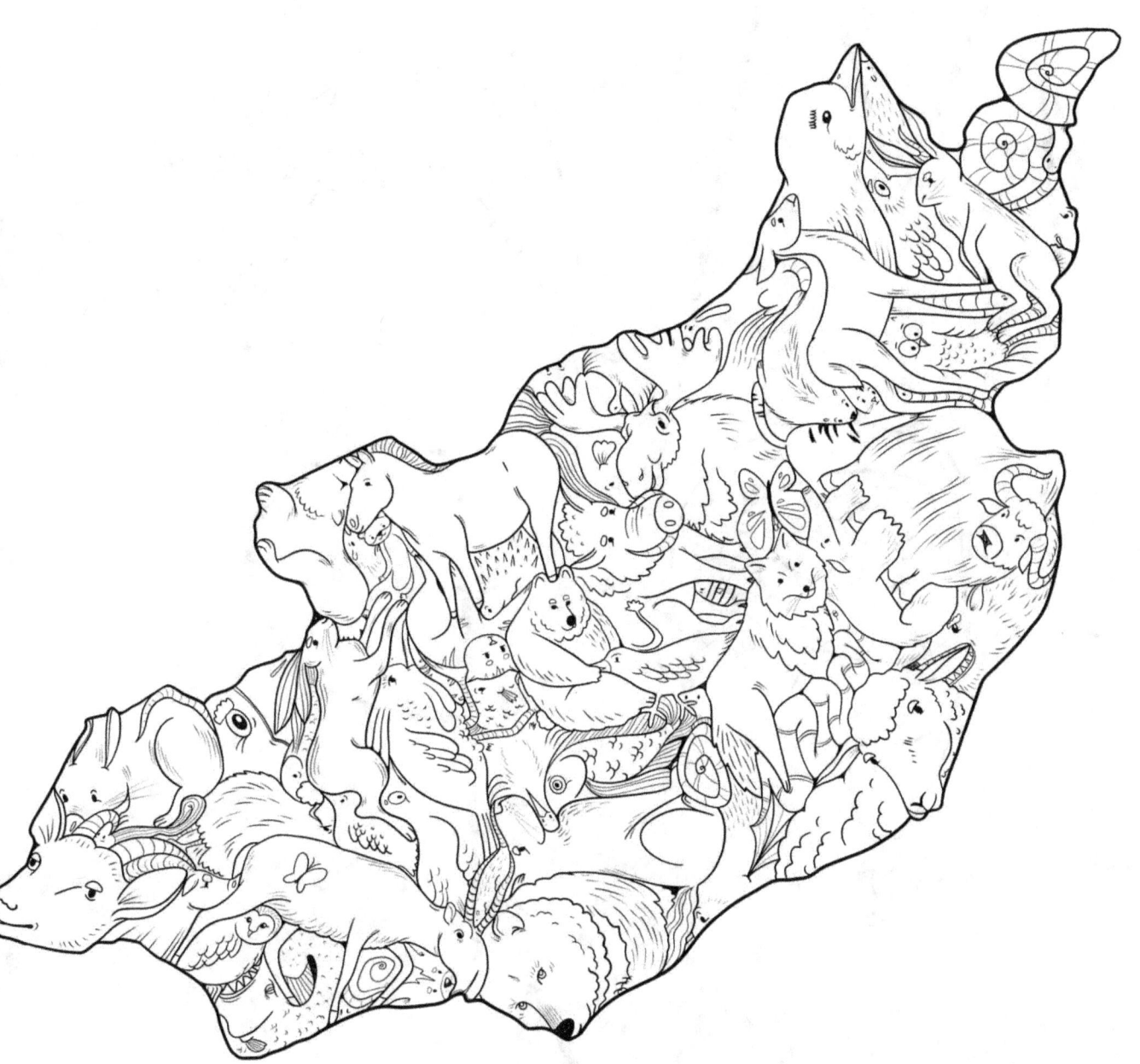

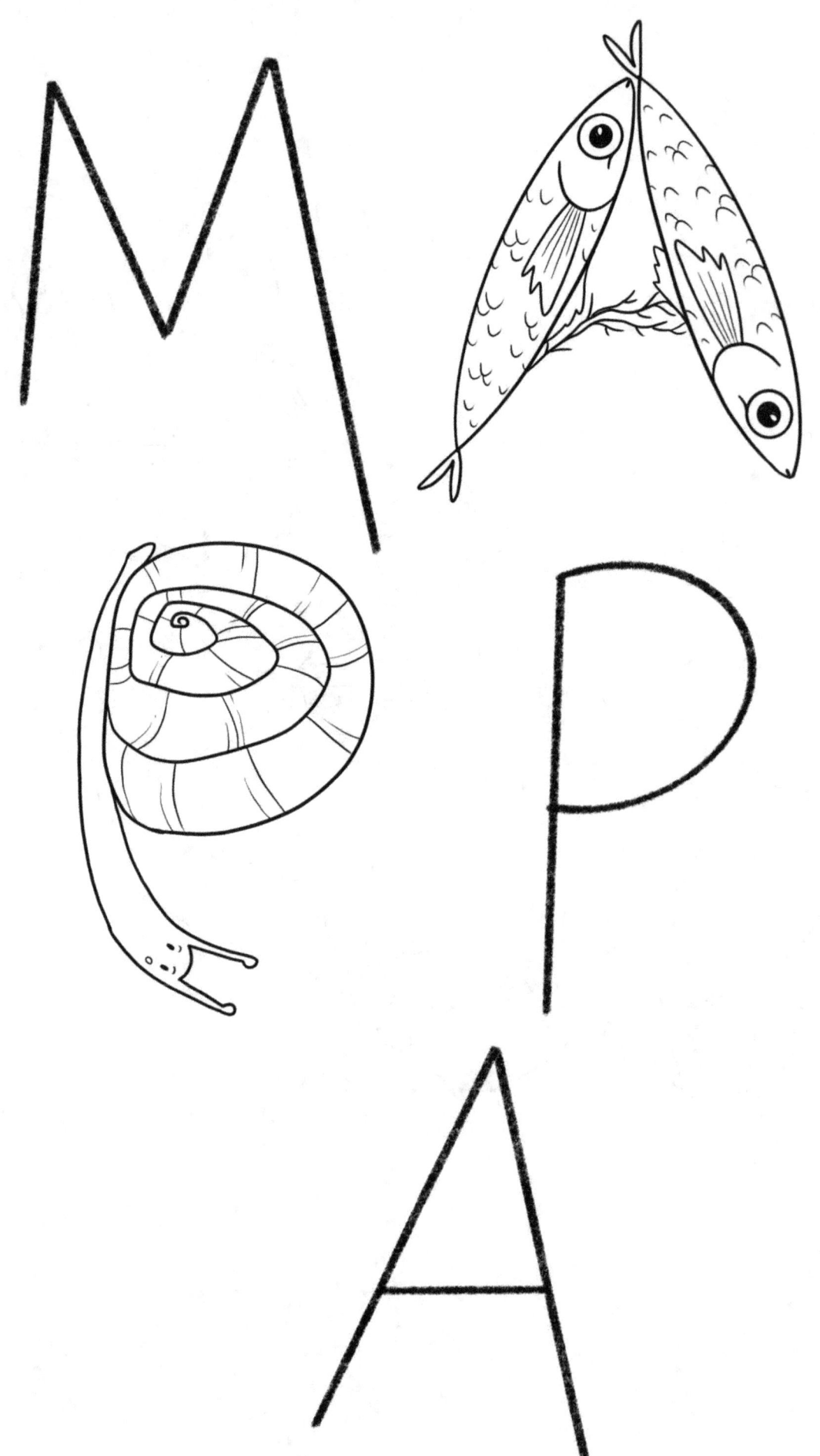

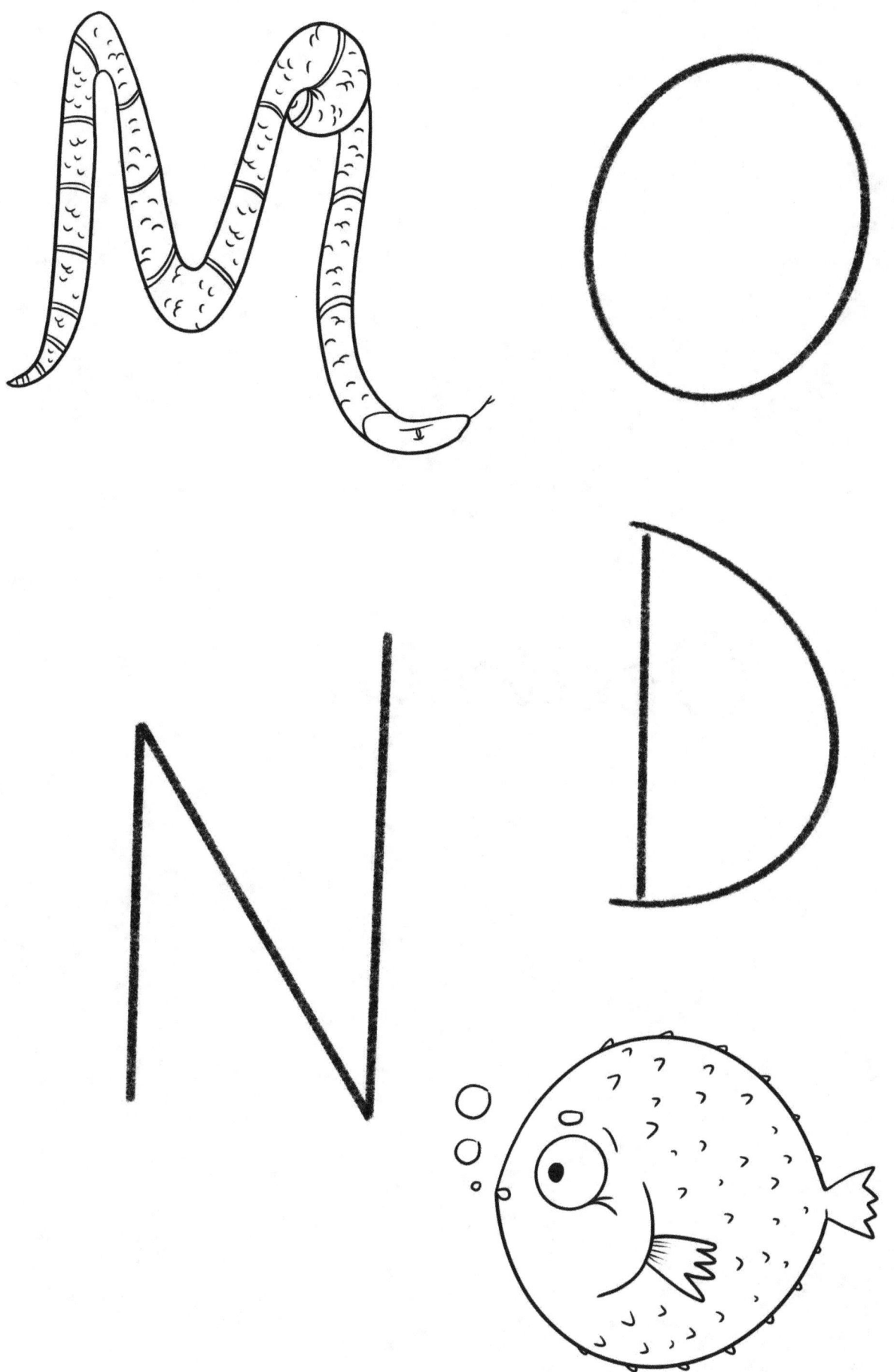

# Oceania

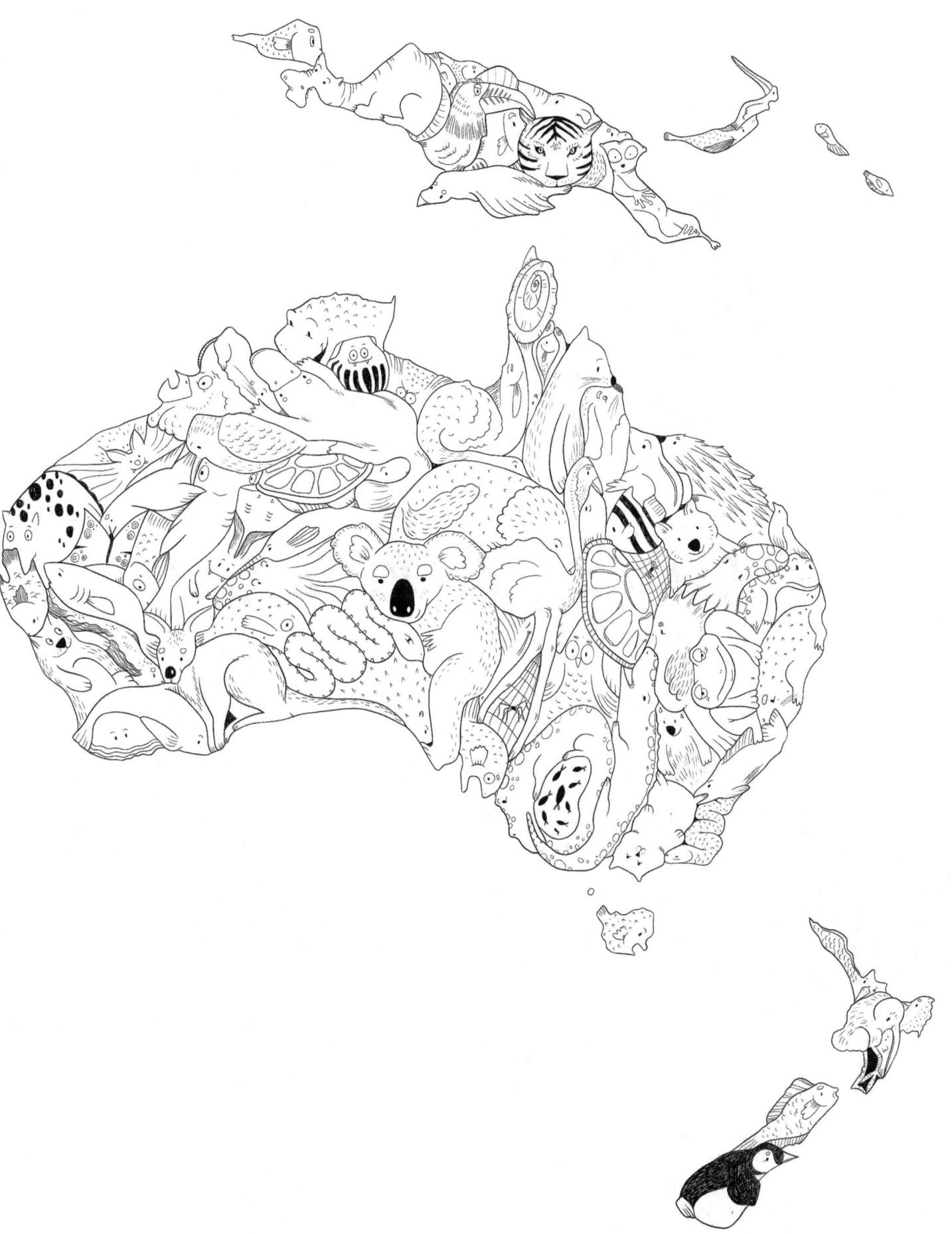

Nuova Zelanda

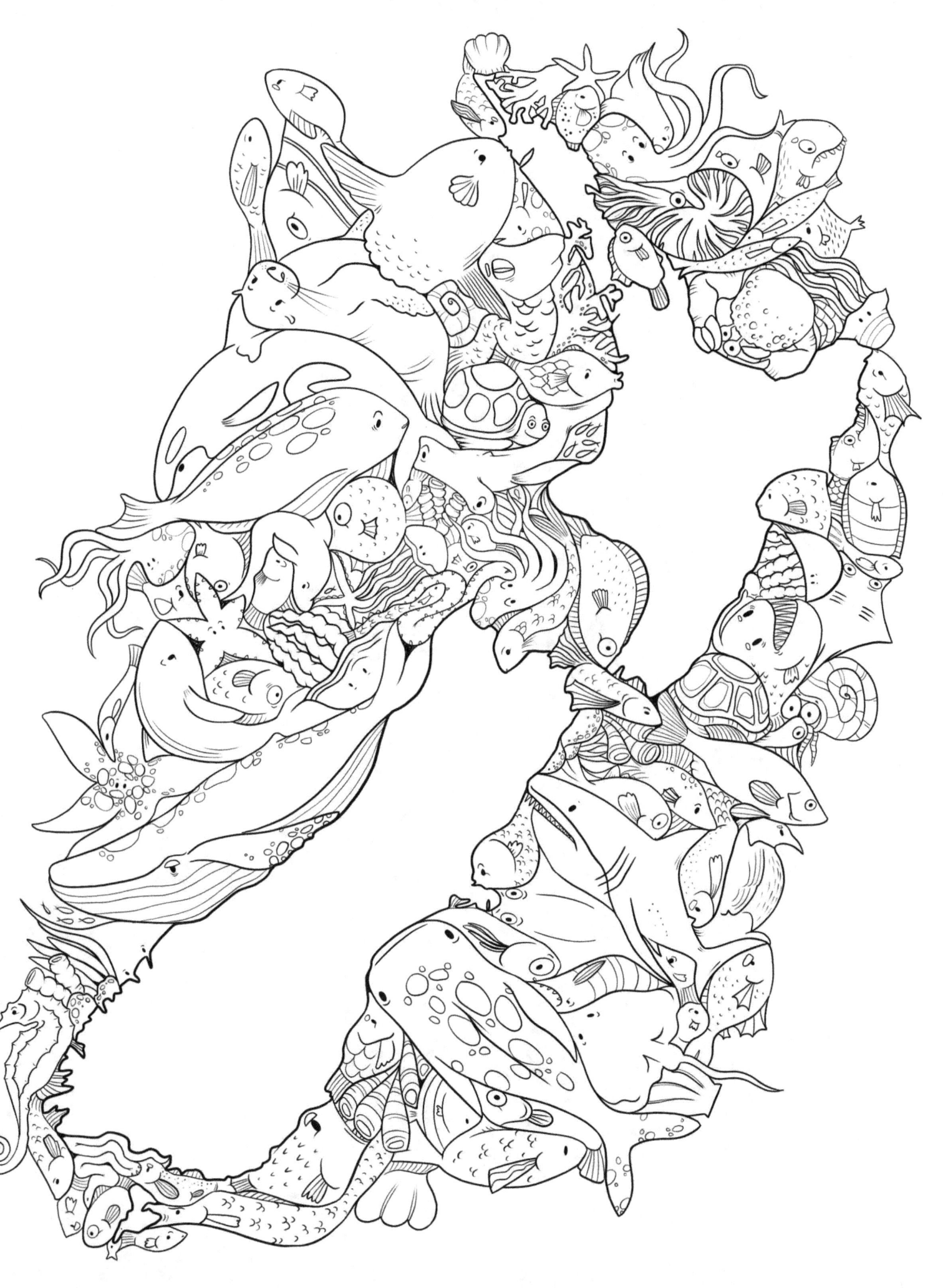

Australia

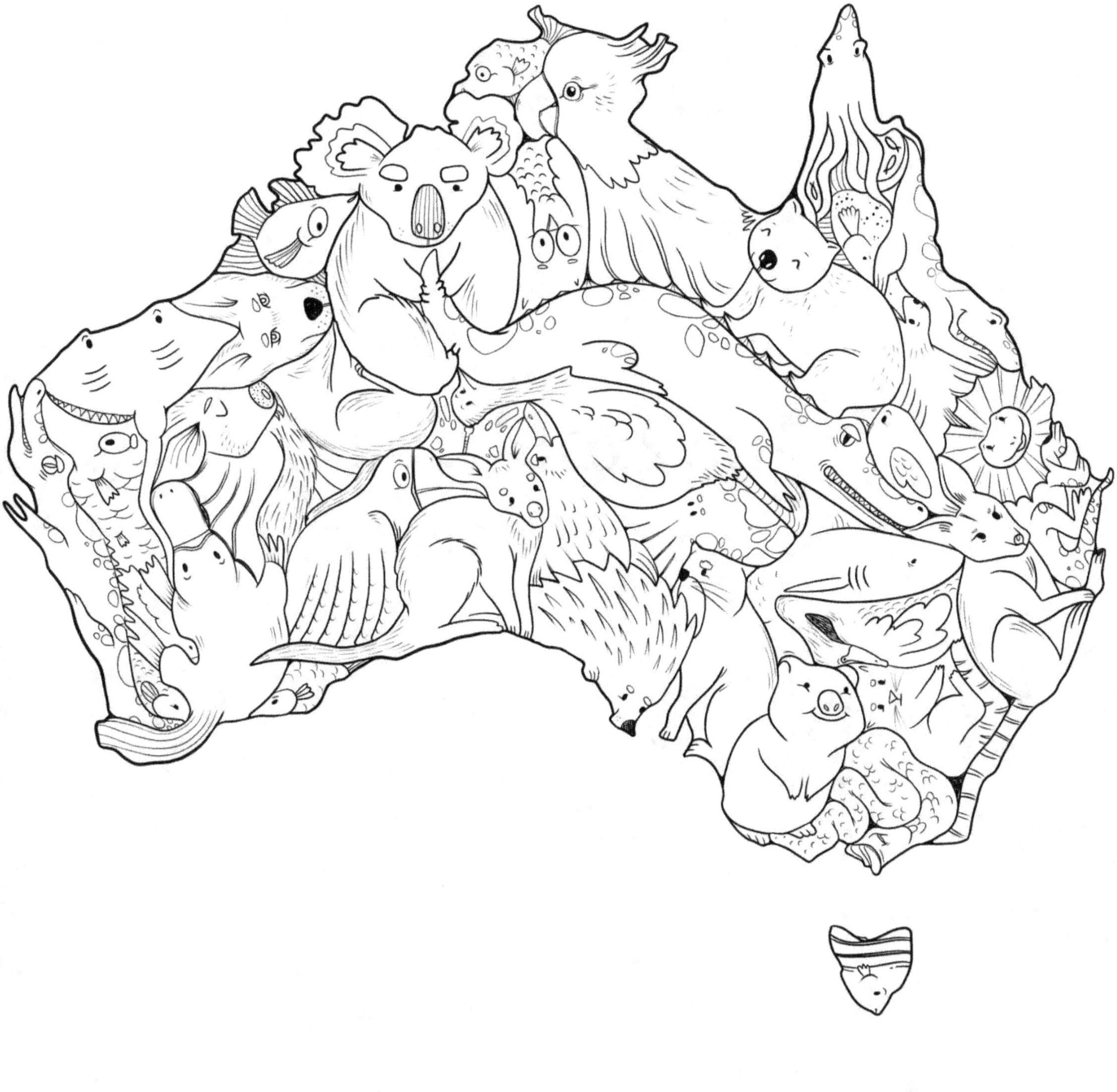

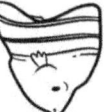

Antartide

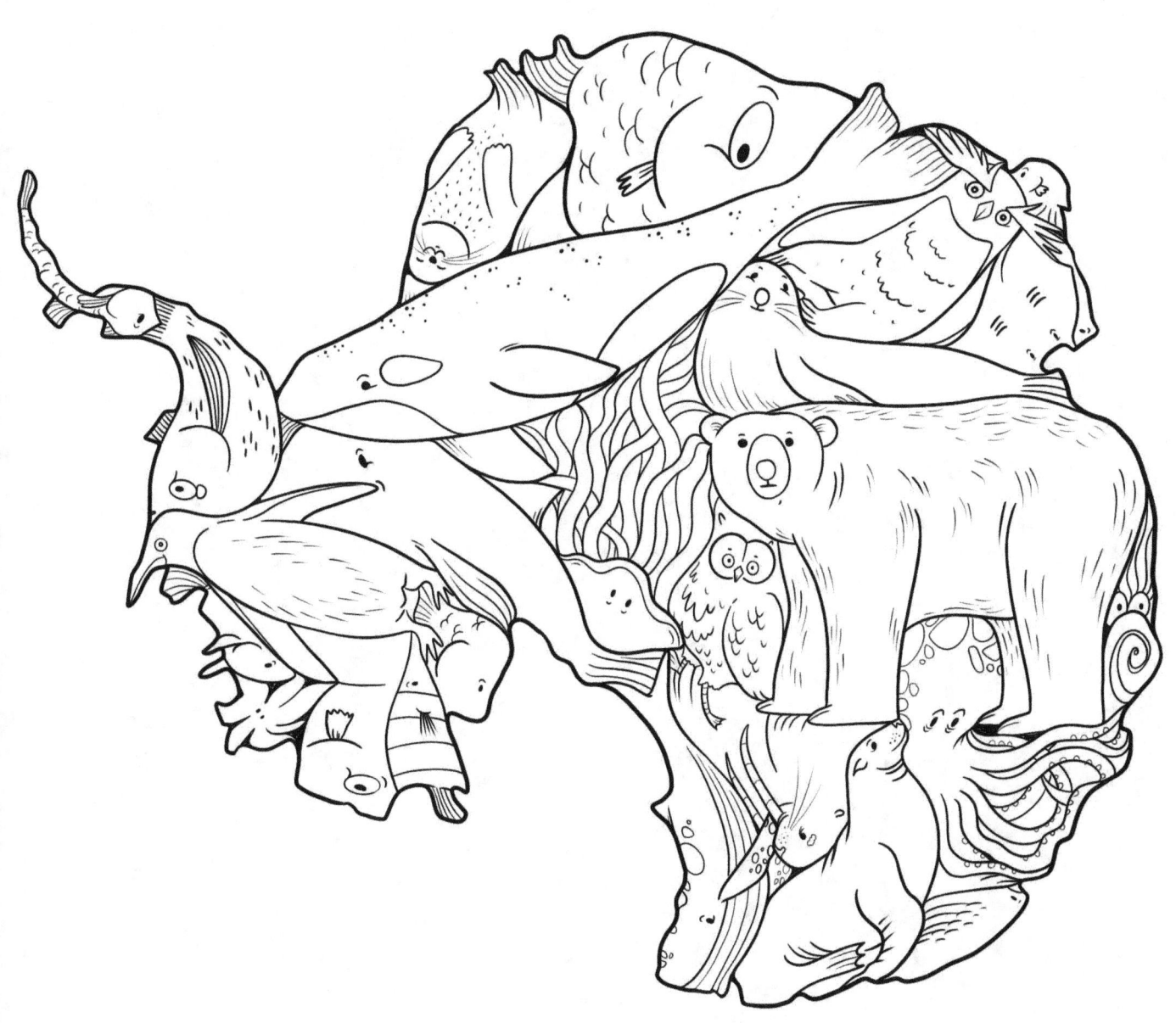

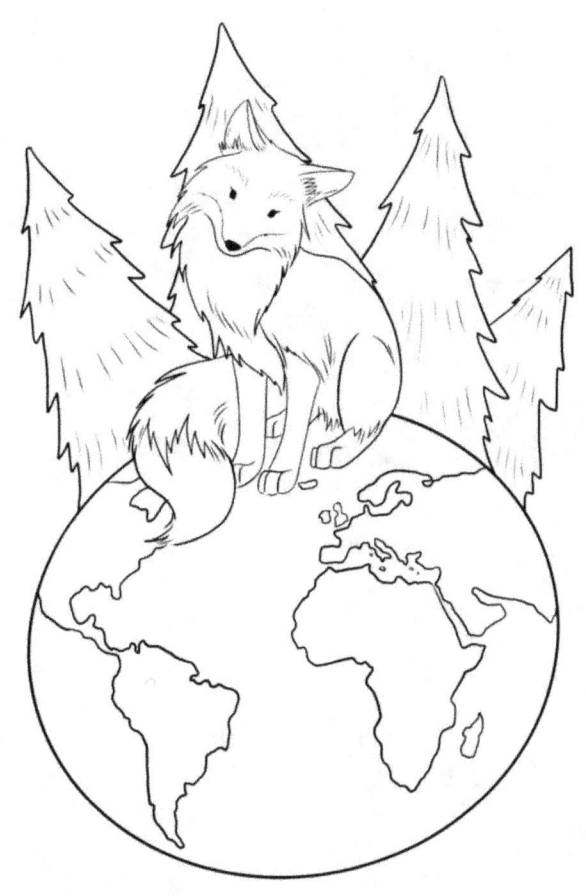

www.effebillustration.com

trovami su ETSY → effebillustration

www.ingramcontent.com/pod-product-compliance
Lightning Source LLC
Chambersburg PA
CBHW081540220526
45467CB00010B/3274